www.ingramcontent.com/pod-product-compliance
Lightning Source LLC
Chambersburg PA
CBHW042126150726
48005CB00029B/654

دَجاجاتٌ لا تَبيض

تأليف: د. غالية مصري ود. ماهر غبّور

رسم: عبد الرزّاق الصالحاني

في بَلْدَةٍ تَقَعُ بَيْنَ الجِبالِ البَعيدَة، كانَتْ مَجموعَةٌ مِنَ الدَّجاجاتِ تَعيشُ في بَيْتِ مُزارِعٍ كَسولٍ.

ذاتَ شِتاءٍ قارِسٍ، ما عادَ بِإمْكانِ الدَّجاجاتِ أنْ تَبيضَ! لَمْ يُحاوِلِ المُزارِعُ الكَسولُ أنْ يُساعِدَ دَجاجاتِه، فأهْمَلَها وتَرَكَها وَحْدَها تَبْحَثُ عَنْ طَعامِها في هَذا البَرْد.

ذاتَ يَوَمٍ، مَرَّ رَجُلٌ فَقيرٌ كانَ يَعْمَلُ في تَنْظيفِ طُرُقاتِ البَلْدَة، وَيَعيشُ فَقَط عَلى ما يُقَدِّمُهُ إِلَيْهِ أهالي البَلْدَةِ مِنْ مُساعَدَةٍ.

رَأَى الرَّجُلُ الفَقِيرُ الدَّجاجاتِ وحَزِنَ لِحالِها، بَعْدَما لَفَتَ نَظَرَهُ نُحولُها، وقَذارَةُ المَكانِ الَّذي تَعيشُ فيه. وبِسُرْعَةٍ، قَرَّرَ أَنْ يُنَظِّفَ ذَلِكَ الخُمَّ المُهْمَل.

وأنْ يَتَقاسَمَ مَعَها ما يُقَدِّمُهُ إلَيْهِ أهالي البَلْدَةِ مِنْ طَعامٍ كُلَّ يَوْمٍ، وأنْ يُحيكَ لَها أكُفَّ وأغْطِيَةً صوفِيَّةً تَحْميها مِنْ بَرْدِ الشِّتاء.

سُرَّتِ الدَّجاجاتُ لِفِعْلِ الرَّجُلِ الحَنون، واتَّفَقَتْ أَنْ تَرُدَّ لَهُ الجَميل، إِنَّما بِطَريقَتِها الخاصَّةِ هَذِهِ المَرَّة.

وَبَعْدَ أَيّامٍ عِدَّةٍ...
فوجِئَ الرَّجُلُ الفَقيرُ بِسَلَّةِ بَيْضٍ كَبيرَةٍ عِنْدَ بابِ مَنْزِلِه،
وصارَ الأَمْرُ يَتَكَرَّرُ كُلَّ صَباحٍ.

كانَ يُحاوِلُ مِرارًا أنْ يَسْهَرَ اللَّيلَ لِيَكْتَشِفَ مَنْ يُهْديهِ هَذِهِ السَّلَة. إلّا أنَّهُ كانَ يَفْشَلُ كُلَّ مَرَّةٍ، ويَغْلُبُهُ النُّعاسُ والتَّعَبُ قَبْلَ أنْ يَكْتَشِفَ السِّرّ.

انْتَهى الشِّتاء، وعادَ المُزارِعُ الكَسولُ لِيُحاوِلَ جَمْعَ البَيْض. إلّا أنَّهُ لَمْ يَجِدْ شَيْئًا! وسُرْعانَ ما مَلَّ مِنْ حالِ دَجاجاتِه الَّتي ظَنَّ أنَّها لَنْ تَبيضَ أبَدًا.

ذاتَ صَباحٍ، خَرَجَ المُزارِعُ مِنَ القُنِّ غاضِبًا ويَصيحُ بِأعْلى صَوْتِه. وفي الوَقْتِ ذاتِه، مَرَّ مُنَظِّفُ الطُّرُقاتِ في المَكانِ فَناداهُ المُزارِع، وقالَ لَه: «ما رَأْيَكُ أنْ تَأْخُذَ هَذِهِ الدَّجاجات؟ أنا لَمْ أعُدْ أُريدُها بَعْدَ الآن».

فوجِئَ الرَّجُلُ الفَقيرُ بِهَذا العَرْض، وأوْمَأَ بِرَأْسِهِ مُوافِقًا، ثُمَّ وَضَعَ الدَّجاجاتِ في عَرَبَتِهِ ومَضى.
عَلَتِ الابْتِسامَةُ الماكِرَةُ وُجوهَ الدَّجاجاتِ الَّتي تَحَقَّقَ لَها أخيرًا ما تُريد!

فَرِحَ الرَّجُلُ الفَقيرُ بِدَجاجاتِهِ، وتَرَكَ تَنْظيفَ الطُّرُقاتِ لِيَتَمَكَّنَ مِنَ الاهْتِمامِ بِها ورِعايَتِها. وكانَتِ الدَّجاجاتُ تُبادِلُهُ الجَميلَ بِأنْ تَبيضَ يَوْمِيًّا الكَثيرَ مِنَ البَيْضِ الَّذي كانَ يَبيعُهُ ويُتاجِرُ بِهِ.

ذاعَ خَبَرُ الرَّجُلِ ودَجاجاتِهِ في تِلْكَ البَلْدَةِ والبَلْداتِ المُجاوِرَة. وكانَ لا يَمُرُّ شِتاءٌ إلّا ويأتي إِلَيْهِ مَنْ يودِعُ دَجاجاتِهِ الَّتي لا تَبيض.

وَهَكَذا، أَصْبَحَ مُنَظِّفُ طُرُقاتِ البَلْدَةِ الفَقير،
بائِعَ البَيْضِ الأَشْهَرَ في تِلْكَ الجِبالِ البَعيدَة، وَسْطَ دَهْشَةِ
الأهالي الَّذينَ احْتاروا كَيْفَ باضَتْ دَجاجاتٌ لا تَبيض!